第四册

中华传统文化
走进齐文化
4

《中华传统文化——走进齐文化》编委会 编

中国社会科学出版社

图书在版编目(CIP)数据

中华传统文化:走进齐文化:全十二册/《中华传统文化——走进齐文化》编委会编. —北京:中国社会科学出版社,2023.6(2023.11重印)
ISBN 978-7-5227-2077-7

Ⅰ.①中… Ⅱ.①中… Ⅲ.①齐文化—青少年读物
Ⅳ.①K871.3-49

中国国家版本馆 CIP 数据核字(2023)第 105321 号

出 版 人　赵剑英
责任编辑　孙婷筠
责任校对　牛　玺
责任印制　戴　宽

出　　版　中国社会科学出版社
社　　址　北京鼓楼西大街甲 158 号
邮　　编　100720
网　　址　http://www.csspw.cn
发 行 部　010-84083685
门 市 部　010-84029450
经　　销　新华书店及其他书店

印刷装订　北京君升印刷有限公司
版　　次　2023 年 6 月第 1 版
印　　次　2023 年 11 月第 2 次印刷

开　　本　710×1000　1/16
印　　张　95
字　　数　1505 千字
定　　价　163.00 元(全十二册)

凡购买中国社会科学出版社图书,如有质量问题请与本社营销中心联系调换
电话:010-84083683
版权所有　侵权必究

《中华传统文化——走进齐文化》编纂委员会

主　　任：崔国华

副 主 任：张锡华　王先伟　刘建伟　段玉强　王　鹏　冷建敏
　　　　　刘　琳　罗海蛟

名誉主任：张成刚　刘学军　宋爱国

委　　员：（以姓氏笔画为序）

王　宏　王　凯　许之学　许跃刚　孙正军　孙林涛　孙镜峰
李安亮　李新彦　李德乾　张建仁　张振斌　韩相永　路　栋

《中华传统文化——走进齐文化》编审人员

主　　编：徐广福　李德刚

副 主 编：王　鹏　朱奉强　许跃刚　李新彦　吴同德　于建磊
　　　　　闫永洁

编写人员：（以姓氏笔画为序）

于孝连　王会芳　王桂刚　王景涛　边心国　齐玉芝　李东梅
张爱玲　赵文辉　高科江　袁训海

《中华传统文化——走进齐文化》本册编委

本册主编：郭素云
副主编：王银芝　边林静
编　　者：王爱娟　邓慧娟　王赏　吴丽花
　　　　　于翠华　陈淼　冯子真　屈超
　　　　　翟兆霞
美术编辑：于春蕾　赵永强

前言

齐文化是中华民族传统文化的重要组成部分，它所具有的鲜明的开放、包容、务实、创新的文化精神，不仅在我国古代社会产生过重大影响，而且已经穿越时空，历久弥新，对今人依然有许多启迪和借鉴意义。

《中华传统文化——走进齐文化》编写委员会以教育部《完善中华优秀传统文化教育指导纲要》为指针，从传统文化与时代精神的结合上把握齐文化的特点，遵循青少年身心发展规律和教育规律，面向中小学生，一体化设计本书的编写内容与编写体例，使本书由浅入深，由分到总，由具象到抽象，由感性到理性，点面结合，纵向延伸，呈现出层级性、有序性、衔接性和系统性。

本书编写以"亲近齐文化—感知齐文化—理解齐文化—探究齐文化"为总体编写思路。

小学低年级（一至二年级），以滋养学生对齐文化的亲近感为侧重点，开展启蒙教育，培育热爱齐文化的情感。

小学高年级（三至五年级），以提高学生对齐文化的感知力为侧重点，开展认知教育，使学生了解齐文化的丰富多彩。

初中阶段，以增强学生对齐文化的理解力为侧重点，开展通识教

中华传统文化

育，使学生了解齐国历史的重要史实和发展的基本线索，以及齐地风俗，赏析齐国的文学艺术和经典名著选段，提高对齐文化的认同度。

高中阶段，以提升学生对齐文化的理性认识为侧重点，开展探究教育，引导学生认识齐文化形成与发展的悠久历史过程，领悟齐人创造的物质文化、制度文化和精神文化，探究齐文化的重要学说，发掘齐文化的历史价值和现实意义，弘扬和光大齐文化。

基于上述编写的指导思想与编写思路，本书在编写过程中与时俱进，注重齐文化教育与践行社会主义核心价值观相结合，齐文化教育与时代精神相结合，课堂学习与实践教育相结合，学校教育、家庭教育与社会教育相结合。

正如经济领域有第一产业、第二产业、第三产业一样，教育领域也有第一课堂、第二课堂、第三课堂。本书的编写意在为中小学生的第三课堂提供一套系统化的齐文化"课程"。从小学一年级到高中三年级共计十二册，学生经过十二年的序列化学习，逐步深入了解齐文化、继承齐文化，并创新性地发展齐文化。青少年学生通过亲近、感知、理解、探究齐文化，以此弘扬爱国主义精神，培养家国情怀，提升文化自信力，为实现中华民族伟大复兴的中国梦奋然前行。

《中华传统文化——走进齐文化》编委会

2023 年 2 月

目 录

第一单元　诗歌欣赏

第1课　　雪宫……………………………………（1）
第2课　　愚公谷…………………………………（3）
第3课　　淄水道中………………………………（6）

第二单元　典故传说

第4课　　和同之辩………………………………（8）
第5课　　以民为天………………………………（12）
第6课　　画蛇添足………………………………（15）
第7课　　灰姑娘的传说…………………………（18）
探究课　　民间故事会——探寻临淄民间故事………（21）

第三单元　名人风采

第8课　　淳于髡…………………………………（23）
第9课　　邹衍……………………………………（26）
第10课　　颜斶……………………………………（28）
第11课　　鲁仲连…………………………………（30）
第12课　　王蠋……………………………………（33）

第四单元　经典名著

第13课　　《六韬》………………………………（35）
第14课　　《孙子兵法》…………………………（38）

中华传统文化

| 第 15 课 | 《司马法》 | (41) |
| 第 16 课 | 《孙膑兵法》 | (44) |

第五单元　齐风遗韵

第 17 课	排水道口	(47)
第 18 课	宁戚饭牛处	(50)
第 19 课	孔子闻韶处	(53)
第 20 课	稷下学宫	(56)

第六单元　城台寻踪

第 21 课	高阳故城	(59)
第 22 课	桓公台	(61)
第 23 课	遄台	(63)

第七单元　古冢传奇

第 24 课	高傒墓	(65)
第 25 课	田穰苴墓	(68)
第 26 课	终军墓	(70)
第 27 课	孔融墓	(72)
探究课	探寻先人的足迹	(74)

第八单元　文物撷英

第 28 课	牺尊	(76)
第 29 课	蒜头壶	(79)
第 30 课	银豆	(81)

第一单元　　诗歌欣赏

　　临淄历史悠久，文化灿烂，是华夏文明发祥地之一。临淄自古就景色秀丽、风光迷人。历代文人雅士对临淄的山水风光和名胜古迹无不赞美备至。临淄出现了许多著名诗人，他们游历临淄触景生情，留下了许多诗文佳作，或抒发感慨，或表达情感，或描写农家风光。

第1课　雪宫

【清】　于希芳

凭吊古宫兴未阑，迷离芳草尚留丹。
君王自促高贤驾，休作稷门一例看。

雪　宫

中华传统文化

诗文解析

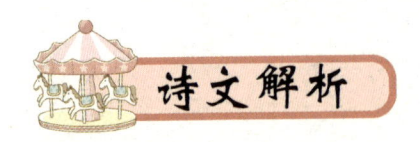

注释：

兴未阑：兴趣未尽。

尚留丹：芳草开放着红色小花。

高贤驾：指齐宣王见无盐氏贤，纳为正宫以辅政。

稷门：代指稷下学宫的先生们"不治而论"。

译文：

凭吊雪宫遗址兴趣未尽，恍惚间看见一片芳草开放着红色的小花。齐宣王纳无盐氏辅政，可不是像稷下学宫们的先生们"不治而论"一样。

解析：

本诗选自清康熙《临淄县志》。诗人于希芳到雪宫遗址游览，留下此诗。在这首诗里，诗人凭吊古宫，触景生情，抒发了对齐宣王励精图治、强盛齐国的感慨。

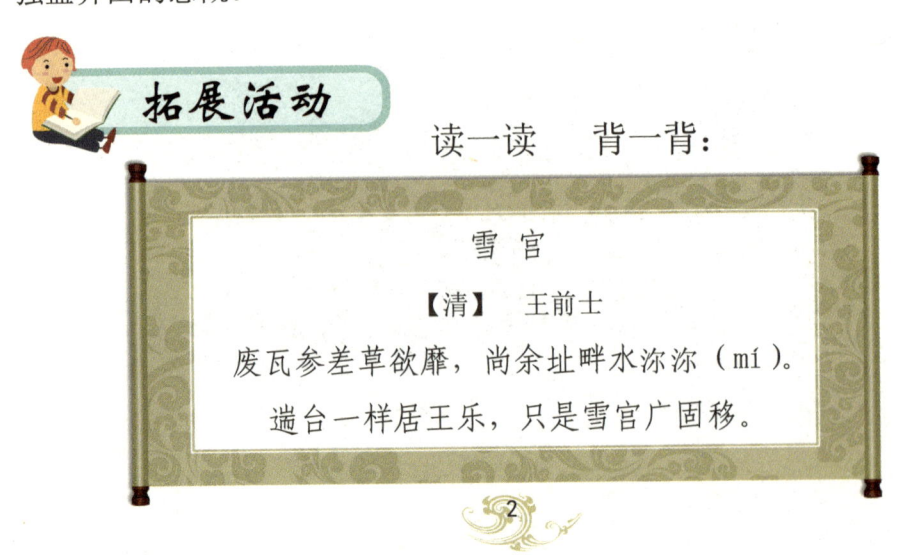

拓展活动

读一读　背一背：

雪 宫

【清】 王前士

废瓦参差草欲靡，尚余址畔水沵沵（mí）。

遄台一样居王乐，只是雪宫广固移。

走进齐文化

第 2 课　愚公谷

【清】　赵执信

牛马何心一任呼,观臣状貌故应愚。

寄言谷口诸少年,好为伊人絷白驹。

愚公谷

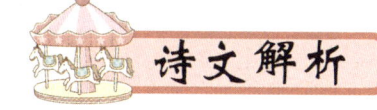

诗文解析

注释:

牛马:指愚公以牛犊换马驹,而后马驹被人抢走这件事。

一任:听任、任凭。

伊人:这个人,指愚公。

縶（zhí）白驹：用绳子拴住白色的小马驹。縶：用绳索拴住。白驹：白色小马。

译文：

牛马能想什么，任凭人们呼喊，

看看我的相貌，我本应该愚钝。

对着出入山谷的少年们说一说，

我特别愿意牵愚公的小白马驹。

解析：

本诗选自《四库全书·因园集》。这首诗是诗人途经愚公山感怀之作。诗人鉴于愚公谷的传说，抒发了他助弱惩强，扬善除恶的思想感情。

故事链接

愚公谷的传说

春秋时候，有一天，齐桓公带着一批人出外打猎。忽然，他们发现远处有一只梅花鹿。齐桓公一箭没射中，那鹿逃得飞快。齐桓公等紧追不舍，只见那鹿在一块大石旁一转，就不见了。齐桓公等追过去一看，原来那里是一座山谷，四周草木葱郁，不知那梅花鹿是逃走了，还是躲在什么地方。

山谷里静静的。齐桓公等找了一会，没找到鹿，却见一位老人从对面走来。齐桓公便问："请问老丈高姓大名，这里是什么地方？"老人看了看齐桓公和他的随从的装束，却只回答了齐桓公的后一个问题："这里是愚公之谷。"齐桓公说："愚公之谷？为什么叫这个名字呢？"老人说："这是以臣的名字命名的。"齐桓公有点儿惊讶，又对老人上下打量了一番，说："看您的模样，绝不像个愚人，您怎么会叫'愚公'（愚公是笨老头的意思）？"老人说："请允许臣诉说经过，臣以前养了一条雌牛，生下一条小牛。小牛个子较大，臣便把它卖了，买回来一匹马驹。谁知在回来路上，遇见一个少年，硬说马驹是他的。臣说，这是我以老牛生下的小牛换来的，怎么会是你的呢？那少年却说：'牛不会生马，这马驹当然不是你的！'硬把马驹夺走了。附近乡邻听说了这件事，都说臣太愚了，所以把这里叫作愚公之谷。"齐桓公见老人说这番话时语调很平静，好像并没有愤愤不平的意思，不禁叹了口气说："您确实太愚了，自己的马驹，为什么要给别人呢！"说着，齐桓公带人离开了这座山谷。

第二天，齐桓公把这件事告诉了大臣管仲。管仲听了，脸色变得十分庄重，整好衣衫，恭恭敬敬地对着齐桓公下拜说："愚的不是那位老丈，而是臣管仲啊！老丈无可奈何地把马驹给了那少年，那是因为老人无处讲理，官府断案不公啊！请允许臣告退，考虑如何修明政治。"

中华传统文化

第3课　湝水道中

【清】　谢宾王

风前涛发带云流，桥外马嘶古木秋。
水曲尝邻如运腕，山佳偶喜是平头。
田夫望客凭坦立，野鸟狎围僦石休。
日暮陶家寻菊饮，出门不厌是清流。

湝　水

诗文解析

注释：

马嘶古木：指湝源桥西有古槐，相传为赵匡胤拴马挂袍处。

狎围：戏谑撒欢。

僦（jiù）：本意为租赁。这里是"借"的意思。

译文：

狂风中水面波涛汹涌，古桥边战马嘶嘶鸣叫。湝水弯曲犹如书法运腕，愚公山翠绿如头巾。农人游人悠闲站立远望，野鸟借石戏谑撒欢。傍晚去陶家赏菊饮酒，看不厌门前清清溪流。

解析：

本诗选自清康熙《临淄县志》。诗人谢宾王是临淄唯一被收入《四库全书》的山东著名诗人。诗人隐居后，喜欢游山玩水，以抚慰他那颗不平静的心。本诗中描写故乡淄水的风光，就抒写得生动传神。诗中设喻自然贴切，"水曲"犹如书法"运腕"，"山佳"活像"平头"小巾那样黯绿、微斜。写人状物传神："田夫望客"是悠闲地"凭坦"而立；"野鸟"休憩时仍"傲石"戏谑；农家赏菊饮酒就在家门口清澈的淄水岸边。这真是一幅农家乐画图！

知识链接

淄水与淄源桥

淄水又称乌河，源于临淄区辛店街道大武村，全长60千米，流经稷下、凤凰、朱台等3个镇（街道），后由六天务村进入桓台县。乌河临淄段，特产丰富。早年用河水酿出的乌河大曲，系山东名优产品。

矮槐树村东的乌河上，有古桥"淄源桥"，石质垒砌，三孔拱式，桥面由石板铺成，桥长约三十多米。原石刻、石狮和石碑现已均毁。

据已毁石碑记载，淄源桥建于明代永乐年间，重修于清乾隆五十七年（1792年）。民国期间和新中国成立后，曾多次重修加固。

中华传统文化

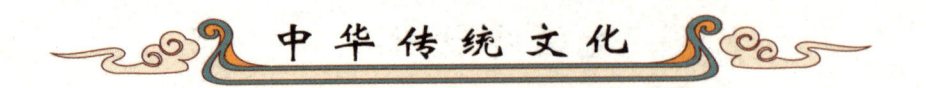

第二单元　　典故传说

　　五千年来，在临淄这片神奇的土地上，上演过多少风云突起的历史传奇，诞生了多少叱咤（chì zhà）风云的历史人物。自然，也发生过许多流传青史的历史典故。据不完全统计，源于齐国故都临淄的成语典故逾千条，临淄堪称"成语之都"。老马识途、讳疾忌医、一鸣惊人、狡（jiǎo）兔三窟、滥竽充数等67个成语典故已申报为省级非物质文化遗产。这些成语典故是齐文化的重要载体，不仅语言简洁优美，而且内涵深刻丰富，处处闪烁着睿智的光芒。

第4课　和同之辩

　　1.齐景公打猎归来，在遄台休息，晏婴陪同在身边，这时梁丘据驾着车赶到。景公说："大臣之中，只有梁丘据才与我和谐啊。"

2. 晏婴不以为然，认为梁丘据与景公之间只是相同而已，不能说是和谐。景公不明白，问其缘故。晏婴就用做羹汤来做比喻："和好比是厨师做汤，用各种调味品来烹制美味，用火将它煮熟，以别的东西补原料味道的不足，把其中太多太猛的方面减弱一些，才有和的境界。"

3. 现在，你说事情是对的，梁丘据也说对，你说事情是错的，梁丘据也马上跟着你说错，好比是用水来调和水，在调味品中再加入同一种调味品，怎么会有好的味道？

4.在这里，晏婴用浅显的比喻阐（chǎn）述了事物相反相济、相辅相成、对立统一的道理。

日积月累

解释："和同之辩"：和：和谐。同：相同，引申为苟同。辩：辩论。

出处：出自《晏子春秋·外篇》。

知识链接

东周殉马坑

东周墓殉马坑位于齐国故城东北部，今临淄区齐都镇河崖头村西。

殉马坑拱卫的是一座大型古墓。椁室位于墓室中部，用自然石块砌垒。据史书记载和考古资料表明，该墓的主人是齐景公。墓的东、西、北三面是殉马坑，三面相连，共有殉马600

走进齐文化

多匹,殉马分两行,前后叠压,昂首侧卧,四足蜷曲,处于临战前的姿态。井然有序,威武壮观。庞大的殉马葬式,既反映了齐景公的奢侈豪华,也说明了齐国当时国力的强盛,为研究齐国的经济、军事和殉葬制度等方面,提供了极为珍贵的资料。殉马坑的发现和发掘,实属罕见。

1982年,建成了具有民族风格、古朴典雅的殉马馆,馆内展出了其中的106匹殉马。1983年,绘画大师刘海粟先生曾在馆内即兴泼墨,写下了"殉马遗迹天下无"的赞美诗句。临淄殉马坑是中国三大殉马之一,不仅具有西安陶马、徐州铜马所不及的独特价值,而且齐景公以其真马之殉要比秦始皇的陶马早280年,正可谓:"秦皇兵俑数千自以雄风第一夸天下,齐侯殉马六百人称举世无双表古今。"

拓展活动

晏婴辅佐景公,有很多劝谏景公爱民的故事,搜集后和同学老师分享。

中华传统文化

第5课　以民为天

1. 齐桓公问管仲："做君王的最应该看重的是什么呢？"

2. 管仲回答说："最应该重视天。"于是，齐桓公仰天而视。

3. 管仲又说："我所说的天，不是苍茫辽远的天空，而是指百姓。"

4. 做君王的，要像尊重上天一样尊重百姓，得到百姓的拥护和支持，国家才会安定强盛；如果百姓都背叛你，那么国家也就快灭亡了。

走进齐文化 （四）

日积月累

以民为天，出自《韩诗外传》：把老百姓当成最为重要的"天"。比喻一切以人民的利益为重。

故事链接

"民为邦本"源于《管子·霸形》，指统治者把百姓视为根本，赢得民心。

齐桓公和管仲、隰（xī）朋等大臣在一起，天上有大雁飞过。桓公仰天望着大雁说："大雁们之所以能随着自己的意愿飞，是因为它们有两只翅膀！"管仲、隰朋都没插嘴。桓公问其原因。管仲谦虚地说："您有成就国家大事的心愿，而我们却不是成就国家大事的臣子，所以不敢回答。"桓公说："不能这么说，我有你们两个辅佐，就像大雁有两只翅膀一样。可是你们不发表意见，我又怎能听到治理国家的道理呢？"

管仲开门见山地说："大王，您不是想成就国家大业吗？那就必须从根本上做起。"桓公一听，很尊敬地问："请问什么是治国的根本？"管仲回答说："齐国的老百姓，就是您的根本。老百姓最怕的是饥饿、死罪和徭（yáo）役，可如今赋税太重，刑罚残酷，徭（yáo）役繁重。大王如果能改善现状，那才是把百姓当作了根本呢！"桓公点头称是，下令变革，很快便赢得了民心。

中华传统文化

分享交流

晏婴像

以民为本

"以民为本"最早出现在《晏子春秋·内篇问下》中:"卑而不失尊,曲而不失正者,以民为本也。"意思是态度谦卑而不失掉尊严、处事灵活而不背弃正道的人,是以民众为根本。这集中反映了晏子的民本思想。

走进齐文化 四

第6课　画蛇添足

1. 楚国有个人在祭祀(sì)过祖宗以后，把一壶酒赏给来帮忙祭祀的门客。门客们互相商量说："大家一起喝这壶酒不足够，一个人喝它还有剩余。"

2. 大家商量来商量去，决定在场的每个人画蛇，先画好的人喝这壶酒。

3. 有一个人画得又快又好，别人有的才画了一半，他已经快画完了。

4. 他认为，这壶酒一定是自己的了，于是左手拿起酒壶，右手继续画蛇，很快就画完了。他想：现在还有时间，我不妨再添几笔，给蛇画上脚吧。

中华传统文化

5. 他还没有(把脚)画完,另一个人的蛇画好了,抢过他的酒壶,说:"蛇本来就没有脚,你怎么能给它画脚呢?"话刚说完,就把那壶酒喝完了。那个给蛇画脚的人,最终失掉了那壶酒。

日积月累

画蛇添足,出自汉·刘向《战国策·齐策》,意思是:画蛇时添上脚。喻指徒劳无益,多此一举。

用法:用来形容不应该做的多余的事。含贬义。一般作宾语。例句:多写上这一句,不但没增强表现力,反而成了画蛇添足。

故事链接

滥竽充数

战国时期,齐宣王非常喜欢听吹竽,而且喜欢许多人一起合奏。因此,成立了一支三百人的吹竽乐队。这些被挑选入宫的乐师都享受着丰厚的待遇。

吹竽画像石

走进齐文化 四

当时，有个姓南郭的处士（chǔ）（处士，未做官的士人），善于投机取巧。他不会吹竽，但冒充会吹，混在吹竽乐队里面好多年，享受着优厚的俸禄（lù）。

后来，齐宣王死了，他的儿子齐湣（mǐn）王继位。齐湣王也喜欢听吹竽，但他跟齐宣王不一样，喜欢听乐师们一个一个地单独吹奏。这下南郭处士傻了眼，生怕露了马脚被齐湣王治罪，悄悄地溜走了。

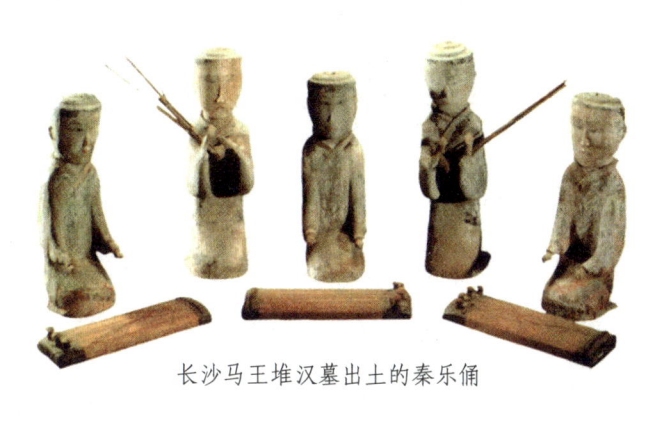

长沙马王堆汉墓出土的秦乐俑

拓展活动

画蛇添足

画蛇添足，出自汉·刘向《战国策·齐策》：楚有祠者，赐其舍人卮（zhī）酒，舍（shè）人相谓曰："数人饮之不足，一人饮之有余。请画地为蛇，先成者饮酒。"一人蛇先成，引酒且饮之，乃左手持卮，右手画蛇，曰："吾能为之足。"未成，一人之蛇成，夺其卮曰："蛇固无足，子安能为之足？"遂饮其酒。为蛇足者，终亡其酒。

中华传统文化

第 7 课 灰姑娘的传说

传说古时候，有个临淄姑娘名叫叶限，从小就失去了母亲。后来，父亲为她找了一个后娘，生了一个长得很好看的小妹妹。再后来，父亲也去世了。从此，小叶限过上了受虐（nüè）待的日子。后娘让她穿破衣，吃剩饭，干粗活，抬手就打，张口就骂，夜晚还让叶限睡在地上。就这样，小叶限在苦水里一天天熬着，尽管身上总是脏兮兮的，倒是一个漂亮的姑娘。

一天，叶限到村外的池塘边洗衣服，看到池塘里有一条小金鱼，就偷偷把它捧回家养了起来。小金鱼渐渐长大了，叶限又把放回了池塘。这件事被狠心的后娘发现了，就到池塘里把金鱼捞了上来，宰了做成鱼汤，跟她的宝贝女儿吃了，还把鱼骨头埋在了茅坑里。叶限知道金鱼遭到暗算，痛不欲生，哭累了，睡着了。梦中，遇到一位鹤发童颜的老人对她说："你去

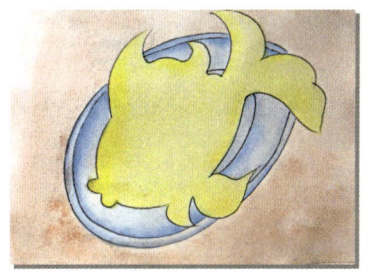

走进齐文化 四

把鱼骨挖出来，藏在一个小罐子里，今后遇到了难处，你就可以向它求助了。"叶限梦醒后，按照梦中老人的指点做了。

有一天，后娘把自己的亲生女儿打扮漂亮，去参加一个富豪人家的宴会。叶限洗着衣服，两眼却流下泪来，因为自己也长大了，也想去参加宴会。这时她忽然想到了金鱼，于是她搬出了盛着鱼骨的小罐子，闭起眼睛，把自己的想法说给鱼骨听。叶限的愿望实现了。在宴会上，叶限那光彩夺目的服饰，楚楚动人的容貌，吸引了在场所有的人。后娘想看个究竟，叶限怕被后娘发现，慌里慌张地冲出人群，往家里跑。到了家才知道一只金鞋弄丢了。

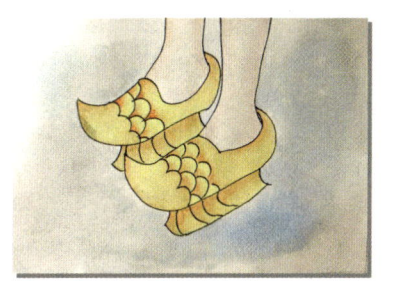

一个月后的一天，邻近一个岛国的国王来到了叶限的村庄，说自己有一只金鞋，如果有姑娘能够穿上，并且十分合脚，就娶她做自己的妻子。人们纷纷带着自己的女儿来试穿金鞋，可是竟然没有一个穿着合适的。正从山上砍柴回来的叶限听到这个消息，她赶紧跑回家，把脸和手洗干净，挤进人群

中华传统文化

中,脱下那双破旧的草鞋,把小脚伸进金鞋中,再合适不过。国王含情脉脉地看着眼前这个美丽的姑娘,伸手扶她坐上了自己的宝车,驶回了自己的国家,让叶限做了王妃。

知识链接

中国人知道灰姑娘,主要是来自德国格林兄弟的童话故事集《格林童话》(1812年初版)和法国童话故事集《鹅妈妈的故事》(1697年初版)。然而,中国早在唐代就有了中国版的灰姑娘的故事(就是本篇课文),出自段成式笔记小说《酉(yǒu)阳杂俎(zǔ)》,比法国人的早了800多年,比格林兄弟早了近千年。而且中国的灰姑娘不止叶限一个,据民俗学者刘晓春搜集,在中国境内,他就掌握到72篇灰姑娘类型或变型的故事,流传在21个民族之中,比如西藏的《金娃错和银娃错》、湘西苗族的《娅扁与娅郎》、朝鲜族的《孔姬与葩姬》、甘肃东乡族的《白羽飞衣》等。

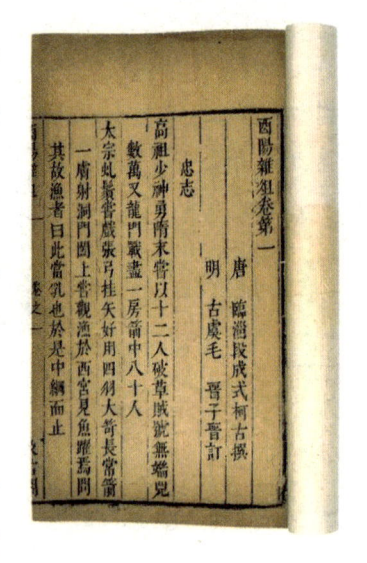

拓展活动

你知道西方灰姑娘的传说吗?知道的话,讲给同学老师听。

走进齐文化

探究课：民间故事会
——探寻临淄民间故事

学习了"典故传说"这个单元，我们了解到我们家乡不仅民风淳朴，人民勤劳，还留下许多唯美的传说。历史上还有很多脍炙人口，耳熟能详的成语、故事都出自咱们家乡。让我们走进这些故事传说，探寻古代家乡的人文之美。

活动内容

以"典故传说"相关的内容为探寻对象，开展"民间故事会——临淄民间故事我来讲"活动。

活动目的

1. 让学生了解家乡的民间传说，典故故事，提高搜集信息、提取信息以及口头表达能力。

2. 通过开展探寻民间故事活动，了解民间传说故事，激发学生对优秀民间文学作品的阅读兴趣。

3. 激发学生对家乡的热爱，以及对乡土文化的传承。

中华传统文化

活动要求

1. 搜集有关民间故事传说的诗文、图片、视频等内容。

2. 以小组为单位，一组一个故事专题，专题以故事的由来、历史上的典故、有关的诗文、图片资料的呈现等为主要内容。

活动步骤

1. 全班分成几个小组，由组长带领大家交流、讨论搜集到的资料，筛选出可以用于班级交流的资料，最终整理成文。

2. 以小组为单位，进行全班汇报交流。

3. 由各组组长组成的评委对小组汇报情况进行打分，主要从故事的内容和表达能力两个方面进行评价，评选"优胜小组"和"故事大王"。

活动延伸

各小组利用搜集到的有价值的图片、文字资料，以黑板报或手抄报的形式办一个小型展览，让大家更多地了解我们临淄的地域人文历史，感受家乡民间文化。

走进齐文化

第三单元　　名人风采

　　齐国，以尊贤尚功立国，是先秦诸国中最重视人才、人才最多的国度。尤其是战国时期的稷下学宫，作为当时中国的思想文化教育中心、百家争鸣之地，更是奇才贤士蜂拥而至的乐土和圣地。本单元重点介绍了战国时期的稷下名士：淳于髡、邹衍、王蠋、颜斶、鲁仲连。

第8课　淳于髡（kūn）

　　淳于髡，战国时期齐国稷下先生。他虽身材矮小，相貌丑陋，出身贫贱。但他博学多才、善于辩论。曾以隐语劝齐威王"一鸣惊人"，因而备受尊崇，位列上卿。他长于外交，多次出使诸侯、不辱使命，在齐国史上占有重要地位。

中华传统文化

淳于髡是稷下学官中最具有影响的学者之一。他长期活跃在齐国的政治和学术领域，上说下教，不治而议论，曾对齐国新兴封建制度的巩固和发展，对齐国的振兴与强盛，对齐威王、齐宣王时期的稷下之学的发展，做出了重要的贡献。曾经辅佐过魏惠王、陈轸（zhěn）等人。

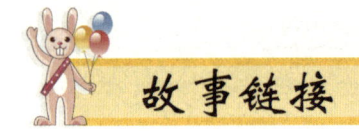

故事链接

淳于髡献鹄（hú）

有一次，齐王派淳于髡出使楚国，并特意带去一只鹄作为赠送楚王的礼物。谁知刚出城门，鹄就飞了。淳于髡托着空鸟笼，前去拜见楚王，说："齐王派我来向大王献鹄，我从水上经过，不忍心鸟儿饥渴，就放它出来喝水，谁知它竟离开我飞走了。我想要刺腹或勒颈而死，又担心别人非议大王。因为鸟兽的缘故致使士人自杀。我想买一个相似的鸟儿来代替，可这是欺骗大王，我不愿做。想要逃到别的国家去，又痛心齐、楚两国君主之间的通使由此断绝。所以前来服罪，向大王叩头，请求责罚。"这一番话，说得十分巧妙。"不忍鹄的饥渴，让它出来喝水"，说明淳于髡的仁；"想要刺腹绞颈而死"，说明淳于髡的勇；"担心别人非议楚王"说明淳于髡的忠；"不愿另外买类似的鸟来代替"，说明淳于髡的信；"痛心齐、楚两国之间的通使断绝"，说明淳于髡的义；"服罪"、"领罚"，说明淳于髡的诚。仁、勇、忠、信、义、诚具备，谁还会治他的罪呢？

日积月累

淳于姓，出自姜姓，是炎帝的后代，以国名为氏。春秋时期有州公实，亡国于杞，州国公族定居于淳于城（今安丘市东北，原为州国都城），后来复国，名淳于国，仍为公爵，成为春秋时期的小国之一。亡国后，其族人以原国名为姓，称淳于氏。

拓展活动

查一查：利用图书馆或网络搜寻淳于髡的故事读一读。

中华传统文化

第9课 邹（zōu）衍（yǎn）

邹衍，齐国人（济南章丘相公镇有其墓葬），著名稷下先生。约生于公元前324年，死于公元前260年，活了80余岁。后于孟子，与公孙龙、鲁仲连是同时代人。因思想深邃（suì）玄（xuán）奥，辩才卓越，齐人称他为"谈天衍"。

齐宣王时，邹衍就学于稷下学宫，先学儒术，后改攻阴阳五行学说。齐闵（mǐn）王后期，邹衍离齐入燕。燕昭王对他十分尊崇，亲自抱着扫帚迎接他，为他修筑碣（jié）石宫，并拜他为师。传说邹衍曾到燕国气候寒冷的寒谷考察，吹了几个曲子，就理顺了阴阳，使当地气温升高，农作物丰收。燕惠王时，邹衍曾蒙冤入狱。出狱后邹衍回到齐国。其后，他作为齐国使者出使赵国，与公孙龙进行过学术辩论。晚年，邹衍还曾仕于燕王喜。

邹衍的著作很多，有《主运》《终始》《大圣》十多万字。还有《邹子》四十九篇，《邹子终始》五十六篇，共105篇。可惜这些著

走进齐文化 四

作早已遗失。

邹衍是阴阳五行学说的集大成者。他创立了"五德终始"理论和"大九州"学说，风行于当时，影响于后人。邹衍的理论学说，是根据已知事实推论出来的，往往"以小推大，以近推远"。这种充满实证精神、富含逻辑思维的认识方法，在当时有进步之处。

知识链接

邹衍认为，人类社会的历史变化同自然界一样，也受土、木、金、火、水五种物质元素支配。他把五行各赋予德的属性，即土德、木德、金德、火德、水德，由五行相胜而为五德终始，即木德胜土德，金德胜木德，火德胜金德，水德胜火德，土德又胜水德，如此周而复始。比如，虞为土德，夏为木德，商为金德，周为火德。夏朝代替了虞（yú）舜（shùn），是木德胜土德；商朝代替了夏朝，是金德胜木德；周朝代替了商代，是火德胜金德。照此类推，代替火德的必然是水德，水德朝代出现以后，又要被土德代替，社会的变化就是如此循环复始。历史证明，他的观点是不符合人类社会发展变化的规律的。

拓展活动

查一查：邹衍还有哪些重要学说。

中华传统文化

第10课 颜斶（chù）

颜斶，战国时齐国高士，齐宣王时代的稷下先生。受母亲钟离氏教导，耕读修身，隐而不仕，其生卒年月不可考，活动于齐宣王时期。颜斶一生不畏权势，不趋炎附势，隐居在马踏湖畔。后来，人们为了纪念他，在他曾经居住过的马踏湖上，建起了五贤祠，将颜斶的塑像与鲁仲连、诸葛亮、苏东坡、辕固的塑像供奉在一起，表达对他的敬仰之情。

故事链接

据《战国策·齐策四》载：有一次，齐宣王召见颜斶。颜斶站在宫殿门口却不进去，向大殿里张望。宣王看见了颜斶，就大声说："颜斶，进来！"颜斶也大声说："大王，出来！"侍从们说："颜斶，你太没礼节了！大王是国君，你是个卑贱的士人。竟敢口出狂言叫大王出来！"

走进齐文化 四

颜斶回答说:"我到大王跟前去是贪慕权势,大王到我跟前来是礼贤下士。与其让我做一个贪慕权势的人,不如让大王做一个礼贤下士的国君。"

宣王只好把颜斶迎接进来,愤愤地说:"到底是王尊贵啊?还是士尊贵啊?"颜斶回答说:"当然是士尊贵,王不尊贵。"宣王问:"你能说出理由吗?"颜斶回答说:"有。从前秦国攻打齐国,秦王下令说:'如果有人敢到柳下季的坟墓五十步以内砍柴,就处死他。'又下令说:'如果有人杀了齐王,得到他的脑袋,就封为万户侯,赏金两万两。'由此看来,先王的脑袋还不如一座死士的坟墓呢!"

拓展活动

查一查:颜斶一生还有哪些贡献?

中华传统文化

第11课　鲁仲连

鲁仲连（公元前305年至公元前245年），生于今聊城市茌平县冯屯镇望鲁店村，长期学习、生活于临淄稷下，隐居于今桓台锦秋湖附近（起凤镇华沟村有鲁连陂；五贤祠中，鲁仲连为所祀（sì）五贤之一），游于赵，死于今高青（高城西北大王村东南有鲁仲连墓）。其著作为《鲁仲连子》14篇。是战国末期齐国稷下学宫后期代表人物，著名的平民思想家、辩论家和卓越的社会活动家。

鲁仲连是一个融会贯通、多元并存的综合体，是稷下学宫百家争鸣所结出的硕果和奇果。在他的身上，他的爱国主义立场，毫不利己专门利他的作风，与苏秦、张仪背信弃义、贪图富贵截然相反；他能跳出为辩而辩的泥沼，理论联系实际，身体力行；他的平民参政意识和摒弃富贵金钱的高士作风与孔孟之道决不苟同；他行动远比墨家大气积极，更智慧、更讲究策略；他不肯老死山林，常常在危急关头挺身而出，积极行动。总之，深邃的思想，高尚的人格，超人的智慧，组成了一个富有个性和传奇色彩的鲁仲连。

走进齐文化 （四）

故事链接

公元前258年，秦围赵都邯（hán）郸（dān），赵向魏求救。魏王派大将晋鄙（bǐ）率十万大军救赵，但慑（shè）于秦的恫（dòng）吓，又连忙下令停止进发，并且派辛垣衍去劝赵尊秦王为帝，以解邯郸之围。

这时正在赵国的鲁仲连挺身而出，坚决主张抗秦，反对投降，同以辛垣衍为代表的"帝秦派"展开了一场激烈的辩论。在辩论中，鲁仲连指出秦国好战、奸诈，会得寸进尺，并用历史上的许多事例反复说明"帝秦"对赵、魏等国的危害，对梁王和辛垣衍本人的危害，说服了辛垣衍，加强了赵国抗秦的决心和信心。

最后，赵国在魏信陵君和楚春申君的援救下，迫使秦国引兵退去，解除了邯郸之围。

赵围解除，平原君想封赏鲁仲连，鲁仲连坚辞不受，于是辞别平原君而去，一生再没来见平原君。

中华传统文化

日积月累

读一读　背一背：

古风（其十）

【唐】李白

齐有倜（tì）傥（tǎng）生，鲁连特高妙。

明月出海底，一朝开光耀。

却秦振英声，后世仰末照。

意轻千金赠，顾向平原笑。

吾亦澹（tán）荡人，拂衣可同调。

拓展活动

查一查：鲁仲连是怎样一番宏论说服辛垣衍，阻止秦王称帝的阴谋的？

走进齐文化 四

第12课　王蠋（zhú）

王蠋，战国时齐国画邑（今临淄区桐林、田旺附近）人。他本是齐湣（mǐn）王的太傅（负责教化、培养太子的官），曾多次进谏，湣王不纳，只好愤而辞官，回归故里隐居。王蠋为人正直善良，乐善好施，清静淡泊，因此很受人们的尊敬。

故事链接

公元前284年，燕将乐毅伐齐，攻占齐都临淄，齐湣王仓惶逃往莒（jǔ）邑（yì）。乐毅为长期占领齐国，想利用有名望的人物笼络齐民之心。他听说画邑人王蠋是个很受国民尊敬的贤士，便下令环画邑三十里严禁兵士骚扰，并派使者携黄金、宝物到王蠋家中劝降。说如王蠋肯归顺燕国，则请他为将，并答应封其万家；否则将兵屠画邑。王蠋心里明白，燕军势大，自己年老体弱，不能御敌。如投靠燕军，虽能换得一时荣华富贵，却难免落个叛逆之

中华传统文化

名，上对不起国家，下对不起黎民百姓、子孙后代，就坚决拒绝了乐毅使者的劝降。王蠋决心给国民做个榜样，他叮嘱了家人一番，仰天而叹："古人云：忠臣不事二君，烈女不更二夫。今齐城失陷，国家危亡，我焉能独存！与其失忠义而生存，不如全忠义而死！"说罢，面东跪拜齐君，面北叩拜乡亲，遂自结绳于树，引颈入扣中，纵身一奋，绝颈而死。乐毅闻之，叹息不已，令厚葬于画邑城南，愚公山之右。

日积月累

今临淄区凤凰镇东召口村南60米处，有一古墓，封土残存，呈圆形，直径15米，高4.5米。据地方志书记载，为王蠋之墓。

拓展活动

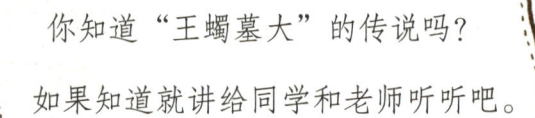

你知道"王蠋墓大"的传说吗？如果知道就讲给同学和老师听听吧。

第四单元　　经典名著

齐兵学是齐文化的重要组成部分，是齐国得以立国的基础之一，也是齐国能够首霸诸侯、战国称雄的重要依托。从对后世的影响来看，齐兵学构成了中国古代兵学的主体部分，对后世产生了深远的影响，有些军事思想至今仍然闪烁着夺目的光辉。

齐兵学著作主要包括：《六韬（tāo）》《孙子兵法》《司马法》《孙膑兵法》。

第13课　《六韬》

《六韬》，又称《太公六韬》、《太公兵法》，其始作者为齐国史官奉命编纂（zuǎn），后又经多人之手校订、增删而成今本60篇的《六韬》，被誉为兵家权谋类的始祖。

《六韬》全书分六章，依次是《文韬》《武韬》《龙韬》《虎韬》《豹韬》《犬韬》。分篇简述如下：

中华传统文化

第一，《文韬》主要讲述的是政治，政治是军事的基础，军事是政治的继续。

第二，《武韬》主要讲述以武力取天下的谋略，强调要夺取天下，首先应"修德惠民"，争取民心，再以政治手段瓦解敌人，看准时机，以最小的代价夺取胜利。

第三，《龙韬》主要论述军队统帅和作战指挥问题。

第四，《虎韬》论述了兵器、器材和装具，突围、渡水、反火攻等各种装备及战术问题。

六韬书影

第五，《豹韬》论述了森林、山地的战法及抗击夜袭、以少击众、以弱击强等特殊情况下的战术。

第六，《犬韬》论述了军队集结、捕捉战机，阵法、战法等，开创了诸兵种联合作战的研究。

《六韬》的学术价值主要表现在："天下非一人之天下"的民本思想、农工商并举的经济思想、举贤尚功的用人思想及赏信罚必的刑德思想等。近3000年来，《六韬》影响了无数明君良将，并被译成外文版流传于海外，产生了较大影响。

走进齐文化 四

知识链接

《六韬》名言精选：

天下非一人之天下，乃天下之天下。——《文师》

人君必从事于富，不富无以为仁。——《守土》

大农、大工、大商谓之三宝。三宝完则国安。——《六守》

勿以身贵而贱人。——《立将》

无取于民者，取民者也。——《发启》

夫攻强，必养之使强，益之使张。太强必折，大张必缺。攻强以强，离亲以亲，散众以众。——《三疑》

亲其所爱，以分其威。一人两心，其中心衰，廷无忠臣，社稷必危。

——《文伐》

国之大事，存亡之道，命在于将。将者，国之辅，先王之所重也。

——《论将》

拓展活动

查一查：利用图书馆或网络搜寻《六韬》中自己感兴趣的战略或者战术。

中华传统文化

第14课 《孙子兵法》

《孙子兵法》又称《孙武兵法》《吴孙子兵法》，春秋末年齐国人孙武撰写。全书共分13篇，前6篇主要论述战略问题，后7篇侧重于具体的战术，约6000字。《孙子兵法》约成书于春秋战国之交，距今已2500多年，是现存中国和世界最古老的一部兵书，也是军事理论史上最早形成战略战术体系的一部兵学专著。该书自问世以来，对中国古代军事思想、理论的发展产生了巨大而深远的影响，被人们尊奉为"东方兵学鼻祖"、"世界古代第一兵书"、"兵经"、"百代谈兵之祖"，享有"兵学圣典"的美誉。

《孙子兵法》书影

《孙子兵法》中分《计篇》，《作战篇》《谋攻篇》《军形篇》《兵势篇》《虚实篇》《军争篇》《九变篇》《行军篇》《地形篇》《九地篇》《火攻篇》《用间篇》十三个方面的内容。

《孙子兵法》是中国兵学遗产中的璀璨瑰宝，历朝历代传承弘扬，并在国外广泛传播，还在商业竞争、企业管理、体育竞赛、外交谈判等社会活动中得到重视和应用。

春秋战阵示意图

走进齐文化 四

故事链接

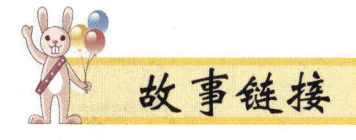

《孙子兵法》计篇经典案例：春秋末期，齐简公派国书为大将，兴兵伐鲁。鲁国实力不敌齐国。孔子的弟子子贡分析，可借吴国兵力挫败齐国军队。于是子贡先游说齐相田常。田常当时急欲铲除异己，子贡以"忧在外者攻其弱，忧在内者攻其强"的道理，劝他攻打吴国，借强国之手，铲除异己。田常心动。子贡又到吴国，对吴王夫差说："如果齐国攻下鲁国，势力强大，必将伐吴。大王不如先下手为强，联鲁攻齐，吴国不就可抗衡强晋，成就霸业了吗？"子贡马不停蹄，又说服赵国，派兵随吴伐齐，解决了吴王的后顾之忧。子贡游说三国，达到了预期目标，他又想到吴国战胜齐国之后，定会要挟鲁国，鲁国不能真正解危。于是他又偷偷地跑到晋国，向晋定公说："吴国救鲁成功，必定转而攻晋，争霸中原。"劝晋国加紧备战，以防吴国进犯。公元前484年，吴王夫差亲自挂帅，率十万精兵及三千越兵攻打齐国，鲁国立即派兵助战。齐军中吴军诱敌之计，大败。夫差大获全胜之后，骄狂自傲，立即移师攻打晋国。晋国因早有准备，击退吴军。子贡充分利用齐、吴、越、晋四国的矛盾，巧妙周旋，借吴国之"刀"，击败齐国；借晋国之"刀"，灭了吴国的威风。鲁国损失微小，却能从危难中得以解脱了。

分享交流

《孙子兵法》经典语录：

中华传统文化

"知彼知己者,百战不殆;不知彼而知己,一胜一负;不知彼不知己,每战必殆(dài)。"意思是:既了解敌人又了解自己,百战都不会有任何危险;虽不了解敌人但是了解自己,那么有时能胜利,有时会失败;既不了解敌人又不了解自己,那么每次用兵都会有危险。

"出其所不趋,趋其所不意。"意思是:要出击敌人无法驰救的地方,要奔袭敌人意料不到之处。

"百战百胜,非善之善者也;不战而屈人之兵,善之善者也。"就是说追求万全,争取以最小的代价取得最大的胜利。孙子认为,战争的最高境界,是通过不流血的斗争方法,迫使敌方、屈从于我方的意志,以不损己方兵力财力、不破坏对方兵力物力和将被屈者的兵力财力转化为己力的方式,达到"自保而全胜"的目的。这样就会使"用兵之害"减少到最低的程度,而"用兵之利"则"可全"。因而这是用兵取胜的最上策。

拓展活动

讲一讲:你对《孙子兵法》中的哪一种策略最感兴趣?

走进齐文化

第15课 《司马法》

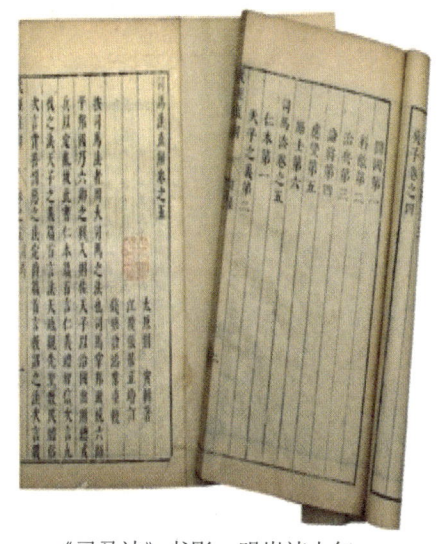

田齐代姜齐以后，齐威王使人收集、校订、论证古代的司马兵法，而把大司马田穰（ráng）苴（jū）的兵法收录其中，故《司马法》也叫《司马穰苴兵法》。

《司马法》根据春秋末期和战国初的战争实践经验，提出更进步的军事思想，概括起来主要有以下几点：

《司马法》书影：明崇祯十年

一是"以战止战"的战争观。二是"相为轻重"的战略指导原则。三是崇仁尚礼的用兵思想。四是慎战与备战并重的战争指导思想。五是"国容"、"军容"的不同及将师应有的主动权。

《汉书·艺文志》载，《司马法》共155篇，后多亡佚。今本《司马法》共5篇，依次为《仁本》《天子之义》《定爵》《严位》《用众》。就在这残存的五篇中，也还记载着从殷周到春秋、战国时期的一些古代作战原则和方法，对我们研究那个时期的军事思想，提供了重要的资料。

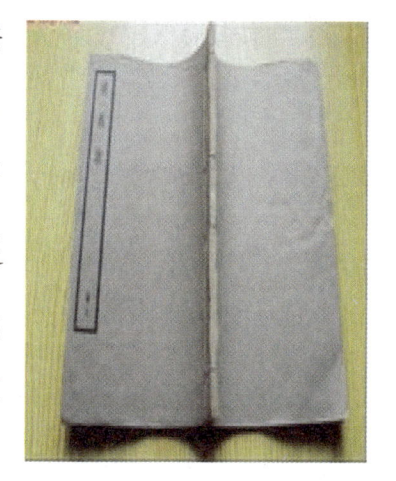

中华传统文化

《司马法》为历代帝王、兵家、史家、文学家所重视。自《史记》以下，《七略》《汉书·艺文志》及历代史志都有记录。至明清时期，《司马法》版本不少于六七十种，并有多种外文译本传世。

知识链接

《司马法》论述的范围极为广泛，基本涉及了军事的各个方面，保存了古代用兵与治兵的原则，包括夏商周三代的出师礼仪、兵器、徽章、赏罚、警戒等方面的重要史料。主要内容如下：《仁本第一》，主要论述战争的性质（正义战争和非正义战争）、目的、起因和对战争的态度，以及发动战争的时机，追述了古代的一些战法。《天子之义第二》，阐述君臣之礼，治国、教民和治军的不同方法，记述了古代的一些作战形式、兵器配置、战车编组、旗语徽章、赏罚制度等。《定爵第三》，主要讲战争的准备、战场指挥、布阵原则、侦察敌情、战时法规等问题。《严位第四》，主要阐述战略战术和将帅指挥，以及胜利后注意事项等。《用众第五》仍是讲战略战术及战场指挥等。

走进齐文化 （四）

分享交流

《仁本第一》节选：先王之治，顺天之道，设地之宜，官司之德，而正名治物，立国辨职，以爵分禄，诸侯说怀，海外来服，狱弭而兵寝，圣德之治也。

【译文】从前的君王治理天下，顺应自然规律，适合地理条件，任用贤德的人，设官分职，各司其事，分封诸侯，区分等级，按照爵位高低给以不同的俸禄。这样，诸侯都心悦诚服，外国也向往归附，诉讼和战争也都没有了，这就是圣王用仁德治理的天下。

《天子之义第二》节选：国中之听，必得其情，军旅之听，必得其宜，故材技不相掩。从命为士上赏，犯命为士上戮，故勇力不相犯。

【译文】朝廷听取这些人的意见，一定会掌握真实情况，军队里能听取这些人的意见，事情就会得到妥善处理，这样，有才技的人就不致被埋没了。对服从命令的人，上级要给予奖励，对违抗命令的人，上级要给予制裁，这样，有勇力的人就不敢违抗命令了。

拓展活动

你还了解《司马法》的哪些军事名言？请搜一搜、查一查吧！

中华传统文化

第16课 《孙膑兵法》

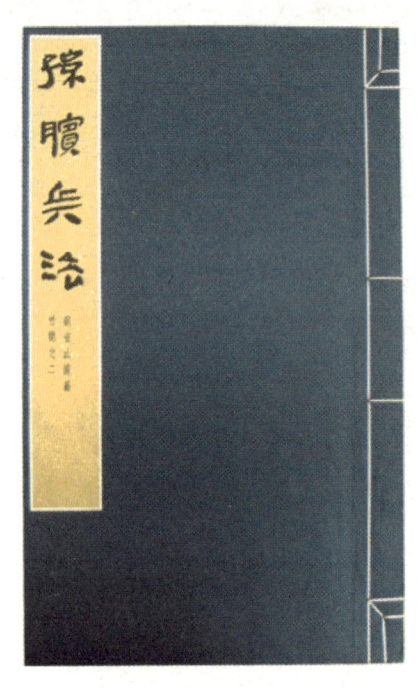

《孙膑兵法》（亦称《齐孙子》）是中国古代著名的兵书，由战国中期杰出的军事家孙膑与其弟子所著。原著89篇，图4卷。后来失传。1972年4月，山东临沂银雀山汉墓出土一批孙膑论兵的竹简。经专家整理、编纂为《孙膑兵法》，分上、下编，各15篇，共收364简，1.1万余字。1985年版《孙膑兵法》定为16篇，共收222简，近5000字。

1975年据出土竹简铅印本《孙膑兵法》

孙膑继承和发展了孙子的军事思想，总结了战国前期和中期的战争经验，围绕着新形势下的战争问题，提出了许多有价值的思想主张，丰富了齐国兵学理论的内容，促进了我国古代军事理论的发展。主要表现在："战而强立"的战争观、"事备而后动"的备战观、富国强兵的治军观、以人为主的制胜观四个方面。

银雀山一二号汉墓

走进齐文化 四

《孙膑兵法》曾广泛流传于战国末和秦汉时期,在历史上颇有影响。特别是孙膑提出的"围魏救赵"和"马陵之战",早已成为军事史上的著名战法,历来为兵家所仿效。其影响与日俱增,越来越受到中外学术界的广泛关注。

知识链接

1985年版《孙膑兵法》定为16篇,内容主要包括《擒庞涓》《见威王》《威王问》《陈忌问垒》《选卒》《八阵》《地葆》《势备》《兵情》《行篡》《杀士》《尉缭子·兵令下》《延气》《官一》《五教法》《强兵》。如,《擒庞涓》篇主要记述孙膑在桂陵之战中,用避实击虚、"攻其必救"等办法,迷惑敌军,诱使魏将庞涓弃其辎重,兼程追赶,最终乘其方虚,在桂陵大破魏军,俘获庞涓。

分享交流

围魏救赵

"围魏救赵"是运用孙膑兵法取得战争胜利的一个典型案例。公元前354年,魏国军队围赵国都城邯郸,双方战守年余,赵衰魏疲。这时,齐国应赵国的求救,派田忌为将,孙膑为军师,率兵八万救赵。攻击方向选在哪里?孙膑认为,要解开纷乱的丝线,不能用手强拉硬扯,要排解别人打架,不能直接参与去打。派兵解围,要避实就虚,击中要害。

中华传统文化

他向田忌建议说，魏国的精锐部队都集中在邯郸，内部空虚，我们如带兵向魏国都城大梁猛插进去，占据它的交通要道，袭击它空虚的地方，它必然放下赵国回师自救，齐军乘其疲惫，在预先选好的作战地区桂陵迎敌于归途，魏军大败，邯郸之围遂解。

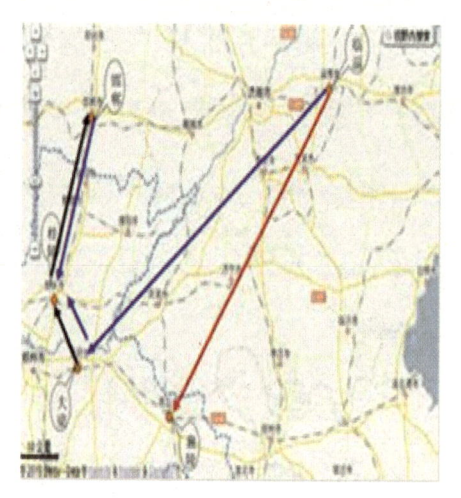

孙膑用围攻魏国的办法来解救赵国的危困，这在中国历史上是一个很有名的战例，被后来的军事家们列为三十六计中的重要一计。围魏救赵这一避实就虚的战法为历代军事家所欣赏，至今仍有其生命力。

拓展活动

查一查：请利用身边的资源查一查《孙膑兵法》中的经典战例（如"马陵之战"），并讲给大家听一听吧。

第五单元　　齐风遗韵

时光如水，岁月如歌。几千年的风霜雪雨，可以抹去圣贤们的居所和足迹，然而却抹不去人们的挚爱和敬仰。

每一处遗址，都是一首无言的诗。人们品味，追忆，怀想，从先人的事迹中汲取智慧，营养与力量……

第17课　排水道口

临淄是我国先秦时代经济最发达、人口最多的工商业大都市，勤劳智慧的临淄先民，经过严谨的科学设计和精密的施工，创造了规模庞大、设计巧妙、布局合理、功能完善的临淄齐都排水系统。齐国故城大、小城设有3大排水系统，4处排水道口。

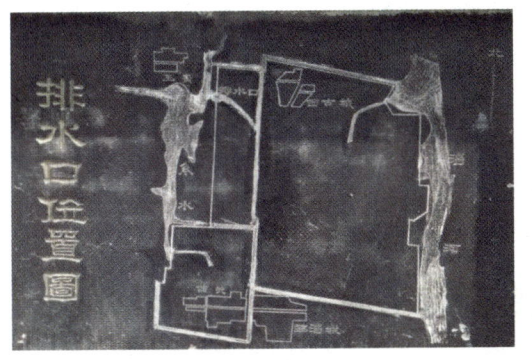

1号排水系统在小城西北部宫殿区中心部位，全长约700米，宽20米，深3米。南起桓公台的东南，通过桓公台的东部和北部，向西穿过小城西墙下的①

号排水道口注入系水。

2号排水系统，位于大城西北部，由一条南北向排水沟和一条东西向排水道组成。南北向排水沟，南起小城东北角，顺南高北低的地势直通大城北墙西部的②号排水道口，注入北墙外护城壕，全长2800米，宽30米，深3米左右。因一个排水道口不能有效地排放大量的积水，在这条南北排水沟的北段，又向西北分出一东西向排水道（长1000米，宽20米左右），由现已发掘的、大城西墙北部的③号排水道口流入系水。这一排水系统承担着大城内绝大部分的废水和积水的排放。

3号排水系统，位于大城东北部，长约800米，起点不明，止于大城东墙北段的④号排水道口，向东注入淄河。

知识链接

20世纪70年代末，发掘清理了大城西墙北部的③号排水道口。这一排水道口建在墙基宽40米的城墙下，呈东西向，东西长43米，南北宽7—10.5米左右，深3米左右，用天然巨型青石砌垒而成。分为进水道、过水道和出水道三部分。排水道口一般用50×40厘米的巨石垒砌，分三层，石头交错排列，每层5孔。这样，水可以从石块间隙中流出，而人却不能从石隙中钻进；起到了既能排泄城中积水，又防止了敌人进攻的双重作用，可谓匠心独运、巧夺天工。

走进齐文化 四

排水道口——进水道

排水道口——出水道

分享交流

20世纪80年代，临淄区政府对此处古齐国排水工程实施保护、开发，建为露天原貌遗迹陈列建筑，周围用半透空铁栏杆保护，并栽植垂柳和四时花卉，成为临淄齐国故城遗址上富有特色的齐文化旅游景点。后来又在此排水道口周围，修建了保护性院墙，并刻文字介绍及平面图嵌于院门两侧墙壁上。

拓展活动

寻一寻：到齐都王青村参观齐国故城排水道口遗址。
查一查：利用图书馆或网络搜寻排水道口的修建、使用历史。

中华传统文化

第18课　宁(níng)戚饭牛处

在临淄区梧台镇西河村东,是康浪河发源地。春秋时期,齐桓公命管仲聘请贤士宁戚的故事,就发生于此。

宁戚,卫国人(今河南省境内),学识渊博,才华出众。他听说齐桓公有宏图大略,重用人才,决心到齐国来一展抱负。宁戚给来齐国做买卖的商人做了赶车夫,等他赶到了临淄城西门外时,城门已经关了,他便在大路旁康浪河畔停下来等明日进城。

到了半夜时分,齐桓公夜间出城会客。宁戚认为机会到了,便一只手给牛拌草喂料,一只手拍打着牛角,唱道:"南山矸(gān),白石烂,生不遭尧与舜禅。裋(shù)布单衣适至骭(gàn),从昏饭牛薄夜半,长夜曼曼何时旦?"齐桓公听到歌声,觉得此人不凡,便命管仲去察访。

第二天,管仲去见宁戚,说明来意。不料宁戚只是说:"浩浩乎

走进齐文化 四

白水。"管仲不解其义,管仲妻子告诉管仲:"诗经里说'浩浩白水,倏(shū)倏之鱼,君来召我,我将安居,国家未定,从我焉(yān)如'。宁戚引用这首诗的意思是愿意听从齐君召唤,出来做官。"管仲恍然大悟,立刻禀报了齐桓公,说宁戚是不可多得的人才。

许多大臣劝谏说:"宁戚是卫国人,离齐国很近,不如派人卫国打听打听,如果他确实是贤能之人,再任用他也不晚。"齐桓公说:"不可,如果派人去打听,假如他得罪人太多,那里的人肯定说他的种种缺点,这样他的才能和美德就被掩盖了。一个人谁能做到十全十美呢?用人就要用人之长,用人不疑。"于是齐桓公力排众议,亲自去请宁戚,任命他做了大司田(相当于现在的农业部长)。宁戚一心一意辅佐齐桓公,为桓公霸业的创建作出了杰出贡献。

知识链接

宁戚在历史上的影响是很大的,战国时楚国诗人屈原在《离骚》中写道"吕望之鼓刀兮(xī),遭周文而得举;宁戚之讴歌兮,齐桓以该辅。"把他辅佐齐桓公和姜太公辅佐周文王相提并论。唐代诗人李白在《秋浦歌》第七首中写道:"醉上山公马,寒歌宁戚牛。空吟白石烂,泪满黑貂裘(qiú)。"

中华传统文化

分享交流

宁戚相牛

古有伯乐相马,也有宁戚相牛。由于长期管理农事,宁戚著有《相牛经》一卷,是中国最早见诸史籍的畜牧专家。宁戚对牛是情有独钟的,他喂过牛,在齐国他大力推行牛耕代替人耕技术,提高了耕作效率,促进了农业发展。他以《饭牛歌》说齐桓公,其中就有"从昏饭牛至夜半,长夜漫漫何时旦","蚕无夜食不长,马无夜草不肥"。宁戚的歌反映了齐地所积累的养牛经验。齐国丰富的养牛经验,带动了养牛业的发展。战国时,齐将田单被困在即墨(今平度东南),竟能在久困的城内收得千余头牛,以火牛阵打破燕军,足见当时平度养牛业的发达。

拓展活动

寻一寻:到梧台镇西河村探寻宁戚饭牛处遗址。

查一查:利用图书馆或网络搜寻宁戚在齐国的贡献。

走进齐文化

第 19 课 孔子闻韶处

孔子闻韶处位于临淄区齐都镇韶院村村北，为一处规模不大的淡灰色仿古建筑。相传是当年孔子在齐国听韶乐的地方，韶院村原名枣园村，位于齐故城大城东南部。据 1920 年《临淄县志》载：清嘉庆时，于城东枣园村掘地得古碑，上书"孔子闻韶处"。后又于地中得石磬（qìng）数枚，遂易村名为韶院。到宣统时期，古碑已无下落，本村父老于 1911 年立石碑，仍刻"孔子闻韶处"。1982 年，区政府对"孔子闻韶处"加以修葺（qì）。

门内北墙正中镶嵌着一方石碑，碑上隶书大字，题曰"孔子闻韶处"。石碑左右，分别嵌着两方石刻，左边一块为"舞乐图"：上面刻着二人席地而坐，一人执管横吹；另一人居右，端坐正视，似乎全部心神沉入美妙的艺术境界中，这是孔子在欣赏音乐；下刻两个美

中华传统文化

女,长袖飘带,翩翩起舞。右边的一块为"韶乐及子在齐闻韶"简介:传说在中国远古虞(yú)舜时期,有一种叫做"韶"的乐舞,又称"箫韶"或"韶箫"。因韶乐有九章,故亦名"九韶",是一种非常高雅的乐舞。

公元前517年,孔子投奔到了富强的齐国,在高昭子家做了家臣,想通过高昭子关系去见齐景公,得到重用。

孔子在高昭子家里,一直见不到齐景公,闲得无聊,高昭子就给他请来了一个乐队,演奏了《韶乐》,《韶乐》雅俗结合,具有浓郁的地方色彩,因为孔子是个音乐世家,所以当听到齐国乐师给他演奏的《韶乐》时,完全被这美妙的音乐陶醉了,以至于3个月尝不出肉的味道。他赞叹道:想不到《韶乐》的完美达到了这样迷人的地步,并称赞韶乐:"尽美矣,又尽善也!"孔子被韶乐陶醉的地方,被后人石刻在碑上"孔子闻韶处",这个地方在2500多年后被人发现。

知识链接

齐《韶》,是周代齐国(公元前1045年—公元前221年)的大型宫廷乐舞。它来源于舜《韶》,脱胎于周《韶》,在齐国盛行800年之久,是周代齐国最典型的雅乐代表作,也是最能代表齐文化特色的地域音乐。

姜太公封齐建国,将周《韶》带入齐国。因奉行"因其俗,简其礼"

走进齐文化 四

的文化宽容政策，东夷俗乐开始融入周《韶》，形成了崭新的齐《韶》；桓公时期，管仲的音乐思想使齐《韶》兼容并包，礼、俗进一步融合，内容更贴近齐国实际；景公时期，齐《韶》又增加了新的内容，逐渐走向完善；战国田齐时期，田齐君主这些舜的子孙更加尊崇韶乐，进一步增添了新的内容，扩大了演出范围，把《韶》乐的艺术水准提高到了最高的境界。

分享交流

2003年11月临淄建成了国内近代第一座《韶》乐厅。《韶》乐厅陈列钟、磬、琴、箫、埙（xūn）、竽等古乐器，氛围古典高雅。11月23日，《韶》乐厅进行了《齐韶新乐》首次对外演奏，这次演奏阵容庞大，内容丰富，运用了钟、磬、埙、笛、箫、排箫、古琴、筝、木鱼、鼓等中国古典乐器，符合古乐中关于金、石、土、木、丝、革、匏（páo）、竹等8音的编制，形成"交响共鸣"的艺术效果。

拓展活动

寻一寻：到齐都韶院村参观孔子闻韶处遗址。

听一听：上网搜寻《齐韶新乐》听一听。

中华传统文化

第20课 稷下学宫

稷下学宫始建于田齐桓公时期，因其近齐国都城临淄的稷门而得名。它兴盛于威、宣王时期和湣(mǐn)王前期，中衰于湣王后期，恢复于襄王时期，随着秦灭齐统一中国而消亡，历时大约一百五十年左右。

稷下学宫遗址的位置在齐故城小城西和西南，北起长胡同村南，南至西关西，刘家庄南，西至遄台左右，东至齐故城小城西门和南西门。2003年，临淄区政府在此区域内树遗址标志碑一座。

走进齐文化 四

百家争鸣

战国时代,齐都临淄的稷下学宫,是当时学术文化的交流中心和诸子百家争鸣的重要场所。举凡儒家、道家、墨家、法家、名家、阴阳五行家、纵横家、兵家等各种学术流派,都曾活跃在稷下舞台上。他们围绕着王霸、义利、天人、人性善恶、世界本原、名实等时代论题开展学术辩论,开创了百家争鸣的一代新风,促成了中国历史上第一次思想大解放。同时,稷下学宫开启秦汉文化发展之源,对秦汉以后文化的发展与繁荣产生了深远影响。

中华传统文化

知识链接

　　稷下学宫具有多种功能。首先，它具有教育功能，它培养人才，传播文化知识，是当时世界上规模最大的官办大学；其次，它具有政治咨询功能，是一个充满政治色彩的咨询机构和智囊团，是我国最早的社会科学院，并具有后世"政协"的雏形；第三，它具有学术研究功能，是战国时期的学术研究中心。

分享交流

　　稷下学宫在其兴盛时期，汇集了天下贤士多达千人左右，其中著名的学者如孟子(孟轲)、淳于髡(kūn)、邹子(邹衍)、田骈、慎子(慎到)、申子(申不害)、接子、季真、涓子(环渊)、彭蒙、尹文子(尹文)、田巴、儿说、鲁连子(鲁仲连)、䮠子(䮠奭 shì)、荀子(荀况)等。尤其是荀子，曾经三次担任过学宫的"祭酒"（学宫之长）。

拓展活动

　　寻一寻：参观稷下学宫遗址。

　　查一查：利用图书馆或网络搜寻稷下学宫的发展史。

走进齐文化 四

第六单元　　城舍寻踪

城市，是人类文明的集中体现；城市，是人类劳动和智慧的结晶。每一座城市，都是一部厚重的大书，都需要现代都市里生活的人们，以敬畏之情，认真阅读，细细品味，再三涵咏……

临淄，作为中华文明的重要发祥地之一，境内的古城数量众多而且各具特色。让我们静下心来，去"读"一下这些古城吧，也许它们会告诉我们一些什么……

第21课　高阳故城

高阳城位于齐国故城西北16千米，即今临淄区朱台镇南高阳村西200米处。城址南北长约75米，东西宽约650米，呈长方形，总面积约为48.75万平方米。东、西、北三面皆为平原，南临乌河。

高阳城，春秋战国时期为齐国的渠丘，又称葵丘、蘧丘，属临淄管辖，为齐都四个卫星城之一。这里以酿酒著名，临淄八大景有"高阳馆外酒旗

风"的诗句。北魏时期，高阳太守贾思勰曾在这里撰写了我国第一部农业百科全书《齐民要术》。

今高阳故城遗址，高出地面2米左右，四周残垣痕迹清晰可辨城内耕土层下建筑遗迹甚多，并多次发现春秋战国和汉代瓦当。1984年，高阳故城遗址被淄博市人民政府公布为市级重点文物保护单位。

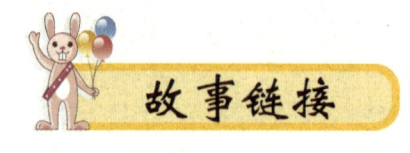

故事链接

及瓜而代

公元前697年，齐僖公的儿子诸儿即位，是为齐襄公。齐襄公做太子时，与堂兄公孙无知关系不好，所以襄公一上台就把堂兄公孙无知的嫡子待遇给免除了。因此，公孙无知怀恨在心。就在这一年，齐襄公派大夫连称、管至父去戍守葵丘，时值瓜熟季节，临行之前，齐襄公说："明年瓜熟时，我就派其他人来接替你们。"结果到了第二年轮换的时候还不见襄公派人来接替他们，于是他们就派使者去向襄公献瓜，暗示襄公要兑现诺言，结果不讲信义的襄公不但不派人接替他们，反而恶语相加，肆意侮辱。连称、管至父便偷偷地去投靠与襄公结怨甚深的公孙无知，公元前686年，齐襄公到渠丘田猎，公孙无知与大夫连称、管至父杀掉了齐襄公，并自立为君。次年，公孙无知到渠丘游玩，渠丘大夫雍廪怨恨他，趁机将其杀死。

拓展活动

寻一寻：参观高阳故城遗址。

查一查：利用图书馆或网络搜寻高阳故城的发展史。

走进齐文化

第 22 课 桓公台

桓公台俗称"梳妆台"、"点将台",位于今临淄区齐都镇西关村北。它原处于小城内北部偏西,西距小城墙约 300 米。属于齐故城宫室建筑群中一座高台建筑,为整个齐故城的制高点。据北魏郦道元亲自测量,此台北魏时周长约 556 米,南高北低,南高约 28 米,北高约 23 米。现此台遗址夯土基呈长方形,东西长 86 米,南北宽 70 米,周长仅 312 米,高仅 14 米,而且成了北高南低。台的东、北面 150 米之外有河沟(排水道)围绕。在桓公台周围曾多次出土铺地花纹方砖、脊砖以及着有树木双兽纹、树木卷云纹的瓦当。在距桓公台约 1000 米处,现存有 6000 平方米的夯土建筑台基,后人俗称"金銮殿"。

此台在秦汉时期称环台,魏晋时称营丘,唐长庆年间(821—824 年)建桓公庙和管子庙于其上,始称桓公台。明清时期,"荒台故址吊桓公"是著名的"临淄八大景"之一。

1981 年,市、区政府拨款对桓公台进行了维修,在南坡修建了台阶百余级,并于台前立石质标志碑一座,由同济大学陈从周教授、

中华传统文化

书写了碑名"桓公台建筑遗址"，并阴刻说明文字。

故事链接

春秋齐桓公有三个近臣，均是用卑鄙的手段讨悦取宠的，一是竖刁，自宫入内；二是易牙，烹子媚君；三是卫开方，弃亲求荣。他们相互勾结祸乱齐国，后来齐桓公重用管仲为相，这三子（宋苏洵称之）无以施其伎俩。管仲一死，这三子高兴得不可耐，马上各自回家取出旧宠帽来，弹灰跳跃，相互庆贺，准备卷土重来。三人得势入宫廷，终将齐桓公筑高墙围之，将其饿死。

知识链接

据专家考证，"桓公台"为西汉齐王宫的南宫，主要用于处理政事；"金銮殿"为西汉齐王宫的北宫，主要用于日常起居。明清时期，人们称此台为桓公台，主要是由高台想到高人，为了纪念春秋首霸齐桓公姜小白的。

拓展活动

查一查：利用图书馆或网络搜寻桓公台的发展史。

走进齐文化

第23课 遄台

遄台遗址位于临淄区齐都镇小王村南约一公里的地方，是一夯筑台基。现台高5米，南北长60米，东西宽50米。现今台上东部已失原貌。西部仍可见明显的台阶痕迹，并有古槐数棵。

遄台又叫歇马台、戏马台。关于这个名称的来历，一种说法是，先秦齐国时这里是进入都城的最后一个驿站。信使来到这里，要进行适当的休息，故有歇马台之称；另一种说法是，当年齐王经常和那些贵族、大臣们在这里赛马，故称戏马台。传说台下平地是齐国的赛马场，孙膑指导田忌赛马的故事就发生在这里。历史上有名的晏子与齐景公辩和与同的故事，也发生在遄台。

中华传统文化

故事链接

田忌赛马

战国时期的某年，大将田忌和齐威王在此赛马（实际上是赛马车）。往年比赛，田忌每次都输得狼狈不堪，下的赌注也被威王悉数拿走。而这次比赛，田忌却赢了。原来，他使用了孙膑提出的方法，用下等马对付威王的上等马，用上等马对付威王的中等马，用中等马对付威王的下等马。结果田忌以 2:1 获胜。这场赛马使孙膑受到齐威王的赏识和重用。在他的谋划下，齐国取得了桂陵之战和马陵之战的胜利，使齐国一跃而成为战国之雄。

拓展活动

演一演：演示一下田忌赛马的故事。

看一看：参观晏婴公园，寻找历史的遗迹。

第七单元　　古冢传奇

　　临淄，物华天宝，人杰地灵。在临淄这片膏腴（gāo yú）之地，曾孕育了管仲、高傒、晏婴、田穰苴（ráng jū）、田单等一大批贤臣良将。千年飞逝，幽幽古墓为我们留下了他们的痕迹。

第24课　高傒墓

　　在敬仲镇白兔丘村东南，矗立着一座巍峨高大的古墓，当地人叫它白兔丘，也就是著名的高傒（xī）墓。高傒墓东临淄河，高约7米，南北长约40米东西长约45米，墓顶平坦。1970年，墓地附近曾出土"高子戈"及石磬数枚。

中华传统文化

　　高傒，号白兔，谥号敬仲，又称高子，齐国上卿。公元前685年，他把姜小白从莒（jǔ）国迎回，立为新君，称为齐桓公。桓公即位后，高傒与管仲、鲍叔牙、隰（xí）朋等人共修国政，励精图治，富国强兵，为创建春秋首霸的历史功业作出了积极的贡献。他在朝中德高望重，握有军政大权。不但平时掌管着齐都临淄5个士乡，而且战时统领齐国三分之一的军队。高傒还经常代表齐国参加诸侯会盟，具有出色的外交才能。公元前659年，鲁国发生庆父之乱，高傒受桓公之命赴鲁帮助安国，为鲁国的社会安定和齐国良好国家形象的确立奠定了基础。

知识链接

　　高傒是高姓和卢姓的祖先。据《广韵》所载，姜太公六世孙文公有个儿子受封于高邑（yì）（山东省邹平县东北），称为公子高，也就是高傒的爷爷。高傒以他爷爷的封邑高为氏，称为高傒。他的一部分子孙后代于是就都姓高了。高傒后来因迎立齐桓公有功，被齐桓公赐食邑于卢（今山东

走进齐文化

省长清县西南），所以他的一部分子孙后代以卢地为姓，此为卢姓的由来。2000年6月18日，韩国总统卢泰愚来山东寻根问祖，先去了长清，后又来临淄敬仲镇拜谒（yè）了高傒这位卢姓先祖。

分享交流

看了这些资料，你作为一名地道的临淄人，心中是否充满着自豪呢？此时此刻把你对高傒的了解和感悟与你的小伙伴分享一下吧！

拓展活动

你是善于观察生活的人吗？在我们的身边依然有很多保留着的、传承下来的古齐文化资源，随身观察，把它记录下来吧！

中华传统文化

第25课 田穰苴墓

田穰苴（ráng jū）墓位于今天的齐都镇尹家村南250米处，距今已有两千余年。墓高约10米，南北长25米，东西长约38米。因长年累月的风雨侵蚀，古墓的东、北两侧陡峭，而其他面坡度较缓和。曾有诗句描述此墓——"繁花簇拥丘高起，当年司马眠于此"。

田穰苴，春秋齐景公时期的军事家，曾任大司马（相当于今天的国防部长），故又称司马穰苴。他的后裔以他名字中的穰为姓，有济南穰氏和江西吉安穰氏。

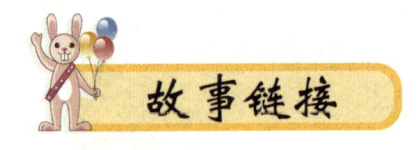

故事链接

田穰苴据酒

田穰苴为人刚正不阿，从不谄媚逢迎。《晏子春秋》中记载了这样一个故事：一个深夜，景公突然驾临穰苴宅第。田穰苴听说齐景公深夜造访，忙穿上戎装，持戟迎接出门，急问："诸侯得无有兵乎？大臣得无有叛乎？"齐景公笑嘻嘻地说："没有。"田穰苴佯装不解，又问："然则昏夜辱于

走进齐文化 四

臣家者,何也?"齐景公说:"寡人无他,念将军军务劳苦,寡人有酒醴之味、金石之乐,思与将军共之耳。"穰苴说:"有专门伺候您饮酒作乐的人,我的任务是带兵打仗,实在不敢在寒舍为您预备酒宴。"景公自讨没趣,便转别处去了。

分享交流

田穰苴是继姜尚之后一位承上启下的著名军事家,曾率齐军击退晋、燕入侵之军,因功被封为大司马,世称司马穰苴。后因齐景公听信谗言,田穰苴被罢黜(chù),最终抑郁发病而死。除了我们今天知道的田穰苴,你还知道哪些军事家?

拓展活动

寻一寻:亲自到齐都镇尹家村踏寻田穰苴陵。

查一查:利用图书馆或网络搜寻田穰苴的故事。

第26课 终军墓

终军墓位于齐陵镇梁家终村以东约400米处。墓高约9米，周长约60米。南近稷山，东依牛山，墓上苍松翠柏。今梁家村民为发展旅游餐饮业，在此开发建设了齐稷山庄，终军墓在山庄东南隅（yú）。墓的南侧有临淄区人民政府1988年所立"终军之墓"石碑，为市级重点文物保护单位。

终军（约公元前133—前112），字子云，今济南人，西汉著名政治家、外交家。少年时代刻苦好学，以博闻强记、能言善辩、文笔优美闻名于郡中，18岁就被举荐为博士弟子，赴京师长安。到长安后，终军积极上书陈述自己对国家大事的看法，汉武帝很赏识他，拜他做了谒者给（jǐ）事中（皇帝的随从、特使），奉命巡视东方郡国。终军在维护中央集权，制止诸侯割据，抵御外族侵扰等方面，都有成就，他曾自告奋勇，先后成功出使匈奴、南越（今广西一带）。

走进齐文化 四

故事链接

公元前113年,汉武帝要选派使臣出使南越(今广东、广西和越南北部),说服南越归顺汉朝,任务艰巨而又危险。在朝廷上,大臣们都低头不语,怕选派到自己头上。只有终军挺身而出,他向武帝请求说:"请陛下授我一条长缨,如果南越王不肯归顺,我就用这条长缨套住他的脖子把他牵到您的面前。"汉武帝看着这位年轻却胸有成竹的臣子,满意地点了点头,答应了终军的请求。终军到达南越以后,向南越王介绍汉武帝的英明、大汉朝的强盛,阐述南越归顺,祖国一统对南越的好处。终于说服了南越王,答应归顺汉朝。但是,南越归顺的事却遭到了南越丞相吕嘉的极力反对,吕嘉趁夜间串通手下武将,发动政变,攻杀南越王和汉使终军。终军不幸在政变中身亡,年仅22岁。汉武帝为失去了爱臣十分痛心,把他厚葬到临淄后,于公元前111年亲率大军一举消灭了南越国。现在终军墓附近有八个村庄,均以"终村"命名。

终军请缨的故事,一直被传为历史佳话。毛主席诗词中"六月天兵征腐恶,万丈长缨要把鲲鹏缚"就是源于终军请缨的故事。

拓展活动

终军墓附近以"终村"命名的八个村庄是那些村庄?

中华传统文化

第27课　孔融墓

稷下街道办范家村北半里许，济青公路北侧，有一座并不起眼的古墓。墓高约12米，南北长约13米，东西长约18米。墓壁削为陡峭，已失其原貌。来来往往的人并不知道，在这座墓里，长眠着一位赫赫(hè)有名、享誉华夏的大文学家——孔融。

一提起孔融，人们首先会想起"孔融让梨"的故事。在那则故事里，只有四岁、排行第六的小孔融，和兄弟们一起吃梨，竟然拣了最小的来吃，而把大的留给了别人。家人惊讶的问他为什么这么做，他懂事的回答说："我最小，就应该吃最小的。"年仅四岁，就懂得谦恭礼让，实在让人啧啧称赞。后来，这则故事被收录到中国沿用几千年的儿童启蒙读本《三字经》里，成为中华民族传统美德的典型事例，教育着一代代的中国人。

孔融死后，因为他为官一方，造福百姓，爱戴他的临淄人按照"古者卿大夫葬，不于国都，必于采邑"的制度，没有把他归葬曲阜孔林，而是把他留在了临淄这片宽厚仁慈的土地上。

走进齐文化 （四）

知识链接

孔融（公元153年至208年），字文举，是孔子的二十世孙。汉献帝时，曾做过北海国（今淄河以东皇城镇、潍坊大部）相，后领青州（治所临淄）刺史。据《融家传》记载，孔融共有兄弟七人，他排行第六。自幼习学儒家学说，才智过人，十五六岁已声名远播，东汉末年著名文学家，是中国古典文学史上著名的"建安七子"之一。

分享交流

孔融之死

虽为孔子后人，他却生性耿直，性格放荡不羁，甚至言行与孔子所讲的伦理道德相违背，并加以指责，这在当时是大逆不道的行为。据《后汉书·孔融传》记载，孔融曾说："父之于子，当有何亲？论其本意，实为情欲发耳。子之于母亦复奚（xī）为？譬如物寄瓶中，出则离矣。"这话出自孔融之口在当时实属离经叛道，被当时专权的曹操以此为借口，以大逆不道罪杀了孔融全家。其实孔融获罪的真正原因是他与曹操政见不同，在政治上分歧过大，说错话只是借口而已。

拓展活动

查一查： 利用图书馆或网络搜寻中国古典文学史上著名的"建安七子"。

中华传统文化

探究课：探寻先人的足迹

学习了"古冢传奇"，我们认识了齐国历史上具有雄才大略让万世敬仰的君王、建立辉煌功业的贤臣良将、高风亮节，垂范千秋的名人雅士。他们每个人的风采虽穿越千年依然煜煜生辉，耀人眼目。在齐国历史上，还有众多这样的人，他们静静地安眠在我们古齐国的大地上，他们用不灭的精神滋养着我们这片神奇的土地。今天就让我们去发现它们，展示他们，学习他们。

活动内容

以名人墓主人为对象，实地去探寻，去发现，去欣赏，并写下自己的探寻收获。

活动目的

1.通过开展实地考察活动，深入了解身边的地域文化，懂得这些

走进齐文化 四

地域文化存在的意义和价值。

2. 通过开展实地考察活动，了解身边先人的优秀品质和他们为家乡所做的贡献，了解家乡，增强对家乡的热爱之情。

活动过程

1. 以小组为单位，展示自己的实地考察收获。包括图片、音频、文字、实物等资料的呈现，从多方面展示、交流自己的实践感受。

2. 其他小组互动交流，提出自己不同的见解或收获。

3. 总结本次活动。

活动延伸

1. 利用手里的资料，在班级内办一期"历史名人我来说"的板报或手抄报。

2. 在班级宣传栏内张贴部分资料，宣传他们的事迹。

中华传统文化

第八单元　　文物撷英

　　临淄集中了90%的齐文化物质载体，出土文物数以万计，是全国久负盛名的文物大区，有"地下博物馆"的美誉。2003年，临淄区被文化部和国家文物局表彰为"全国文物保护工作先进区县"。目前，齐国故城遗址博物馆藏有国家一级文物38件，二级文物53件，三级文物1398件。本单元介绍馆藏3件国家一级文物。

第28课　牺尊

　　1982年7月17日，在齐国故城南约5千米的商王村原临淄区砖窑厂，齐中华等5名工人取土时发现了一件青铜酒器，后来献给了区文物管理所，并得到了政府的表扬与奖励。经文物专家鉴定，确认是一件战国时期的金银错镶(xiāng)嵌铜牺尊。

齐国故都临淄出土的战国金银错镶嵌铜牺尊

走进齐文化

该器物长46厘米，高28.3厘米，重6.5千克，仿牛形，昂首竖耳，偶蹄。由头颅、体、盖分铸而成。首颈结合，有一项圈合缝自然遮掩，盖为一扁嘴长颈禽，禽颈反折，嘴紧贴背上，巧成半环形盖钮。两翅平展，羽翎(líng)均以绿松石铺填，通体以粗细相间的金、银丝嵌饰的几何云纹。设计独特，工艺娴(xián)熟，是战国时嵌金银工艺的佳品，国之瑰宝。从国宝牺尊的铸(zhù)造和镶(xiāng)嵌(qiàn)工艺上可反映出齐国手工艺技术水平的高超，同时也反映了齐国经济的繁荣昌盛。

知识链接

牺是古代宗庙祭(jì)祀(sì)用的纯色牲。牲就是牛，因而也可称为纯色牛。尊，同"樽"，是古代盛酒的礼器。所以牺尊就是"刻为牺牛之形，用以为尊"的酒器。牺尊作为周代酒器，有木质的，有青铜的。你还知道哪些盛酒的容器呢？

分享交流

齐国的酒文化渊远流长，它经历了八百余年的风风雨雨，至今仍绵延不绝。临淄出土的大量酒器，品种之多、造型之美、工艺之精，让人叹为观止。其中特别典型的就是盛酒器——牺尊。

中华传统文化

临淄中轩酒厂位于山东省淄博市临淄区永流路，酒厂生产的蒲公酒、牺尊头曲、三蕉叶酒等享誉省内外。

临淄中轩酒厂生产的牺尊酒

拓展活动

找一找：你对中轩酒厂有哪些了解？你家里有没有中轩酒厂出产的白酒？可以带酒瓶来给同学们展示。

走进齐文化 四

第29课 蒜头壶

1992年闻韶街道办事处商王村战国墓出土，为战国时期青铜酒器——蒜头壶。

通高42厘米，口径4.1厘米，足径13.3厘米。直口，口沿下部凸起蒜头形，细长颈，肩有一对铺首衔环，球形腹，平底，圈足。在外底中央有一半环形钮。盖为母口，弧面，中央有一环钮。器身饰弦纹。

齐国故都临淄出土的青铜酒器蒜头壶

知识链接

临淄是"春秋五霸之首，战国七雄之一"的齐国的都城。齐国是当时著名的"国际都市"，这里经济发达，民风淳（chún）厚。从国君到平民百姓，皆好饮酒，故当时齐国的青铜酒器制作工艺，也是领先时代潮流的。

中华传统文化

从近年来出土的一批酒器就可以看出当时齐国青铜铸造业的发达和国人尚酒的习俗。比较著名的酒器首推战国时期金银错镶嵌铜牺尊，其次为蒜口壶酒器和汲（jí）

牺尊和蒜头壶

酒器，这三件青铜酒器用途各异，造型各有千秋，精湛的技艺反映了战国时期齐国青铜铸造业的发达和古齐国的"泱泱大国"之风范！

分享交流

20世纪80年代由临淄区齐都镇南关村征集而来，为宋代茶具。口径12.2厘米，通高6厘米，底径4.9厘米。瓷器釉彩呈红褐色，质地鲜艳，形如兔毫，称兔毫盏。

红褐釉（yòu）兔毫盏

拓展活动

查一查：请同学们利用图书馆或网络搜寻蒜头壶、宋代釉兔毫盏等古代器皿的图片和资料。

走进齐文化 四

第30课 银豆

1979年出土于临淄区辛店街道办窝托村汉齐王墓陪葬坑中。银豆口径11.5厘米，底径6.5厘米，通高11厘米。弧形盖，子母口，曲腹，高圈足，喇叭形底座。底座为铜质，盘、盖为银质，饰凸起莲瓣状花纹，状如两花相扣。盖上铆（mǎo）3枚铜质兽钮，盖内刻"木南"二字。其年代为西汉时期。

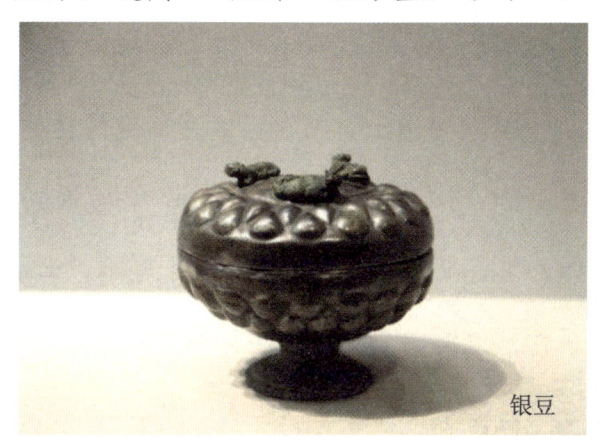

银豆

此器造型酷似有盖高足青铜豆，但纹饰却颇独特，前所未见。以捶揲（dié）打出凸起花纹的技法也不是我国传统的金银器装饰方法，而在波斯，这种方法极为常见，专家指出，上半部的银盒明显具有古代西亚艺术风格，来自于伊朗南部的埃兰，通过海、陆丝绸之路来到中国。齐国工匠给银盒加了下半部的柄和圈足，使之成为银豆，此豆是中西文化交流的产物。2010年，此豆作为山东省唯一一件文物参展上海世博会。

知识链接

豆是我国商周时期常见的器形，为盛放调味品的器皿，质料有陶、漆、

中华传统文化

竹木以及青铜等。青铜豆出现于商代晚期,盛行于春秋战国。银质的豆较为少见,在广州南越王墓曾出土一件银豆,与此豆造型、纹饰极为相似。

分享交流

银　盘

1979年出土于临淄区辛店街道窝托村汉齐王墓陪葬坑内,共3件。大者1件,高5.6厘米,口径37厘米,背面划刻铭文计47字,似秦篆(zhuàn)体;小者2件,口径皆为23.5厘米,背面亦刻有铭文,字数不等。3件银盘原为秦代王官用物,皆饰龙凤花纹图案,花纹鎏(liú)金,构成银底金花,璀璨夺目。公元前201年,刘肥封齐王时,把3件银盘从长安带到了临淄。目前,大银盘藏国家博物馆,小银盘1件存淄博市博物馆,1件存临淄齐国故城遗址博物馆。

秦代鎏金龙凤纹银盘藏于国家博物馆

拓展活动

查一查:利用图书馆或网络搜寻古今中外银豆、银盘的资料和图片。

主要参考书目

《齐国故都临淄》（上、下）——中共临淄区委、区政府编

《走进齐都》——谢维俊主编

《临淄成语典故》（上、下）——毕国鹏主编

《古代咏齐诗赋辑览》——王毅编著

《齐文化成语千句文》——王本昌、王海青著

《齐国成语典故故事》——王本昌著

中华传统文化

编后语：

为落实教育部《完善中华优秀传统文化教育指导纲要》精神，由宋爱国同志倡导和发起，张成刚同志积极推进，组成了《中华传统文化——走进齐文化》编委会，编写了本书，旨在使广大中小学生通过对齐文化的学习和了解，感悟齐文化的丰富多彩和博大精深，激发热爱齐文化的情感，提高对齐文化的认同度，从而探究齐文化，发掘齐文化，弘扬和光大齐文化，共建中华民族文化的精神家园。

徐广福拟定《〈中华传统文化——走进齐文化〉编写大纲》，确立了编写的指导思想、编写的原则、编写的思路、编写的体例、编写的内容和编写的目录；李德刚、吴同德、于建磊负责分册编写的组织、统稿、审稿和修订工作；王鹏、朱奉强、许跃刚、李新彦多次组织相关会议，推动了本书的编写工作；各分册的编写人员尽心竭力，按时完成了编写任务。

本书在项目论证、具体编写、审稿修订的过程中，得到了社会各界的帮助。齐文化专家宣兆琦教授对本书的编写纲要提出了很好的意见和建议；临淄区齐文化研究中心、齐文化研究社鼎力相助，宋玉顺、王金智、姜建、姚素娟、王景甫、王本昌、王方诗、邵杰、胡学国、王毅等专家给予了热情指导和真诚帮助，在此表示衷心感谢！

走进齐文化

我们还要感谢试用本书的广大师生和读者。限于时间和水平，本书难免会存在一些问题，希望在试用过程中，及时把意见和建议反馈给我们，以便我们进一步改进和优化，提高本书的内涵品质。

《中华传统文化——走进齐文化》编委会

2023 年 2 月